Inhalt

Erdöl - Globale Kräfteverhältnisse ändern sich

Kernthesen

Beitrag

Fallbeispiele

Zahlen und Fakten

Weiterführende Literatur

Impressum

GENIOS BranchenWissen Nr. 03 vom 22.03.2013

Erdöl - Globale Kräfteverhältnisse ändern sich

Anja Schneider

Kernthesen

- Die interessantesten Veränderungen im Ölmarkt finden auf der Angebotsseite statt, denn Fracking und Ölschieferboom verändern derzeit im globalen Energiepoker die Position der USA.
- Der Anteil der OPEC am Weltölmarkt wird langfristig sinken.
- Beim Anhalten des hohen Ölpreises lohnt es sich sogar für Länder, die bisher Öl und Gas importieren, vorhandene Ressourcen zu erschließen und Öl zu fördern.

Beitrag

Wachsendes Angebot und gleichzeitig hoher Ölpreis

Ein wachsendes Angebot führt zu einer Senkung des Preises. Dieses volkswirtschaftliche Marktgesetz gilt für den internationalen Ölmarkt nicht. Er zeichnet sich durch eine zunehmende Menge an entdecktem und gefördertem Öl bei gleichzeitig anhaltend hohem Ölpreis aus. Trotz allen Wirbels um erneuerbare Energien steigt die globale Ölnachfrage immer noch, wenn auch mit der niedrigsten Steigerungsrate unter den wichtigsten Energieträgern (BP Energy Outlook: 0,8 Prozent pro Jahr bis 2030). Rund 91 Millionen Fass bzw. Barrel werden pro Tag weltweit nachgefragt, so gibt es die Internationale Energieagentur an. In Wirtschaftskrisenzeiten waren es deutlich weniger: Inmitten der Finanz- und Schuldenkrise 2009 waren es täglich 84 Millionen Fass, während der Ölkrise 1973 nur 56 Fass pro Tag. Momentan gehen die Experten nicht davon aus, dass der Ölpreis wieder unter die magische Marke von 100 Dollar je Fass für die Nordseesorte Brent fallen wird - es sei denn, die Welt rutscht in eine kräftige Rezession. Die gravierendsten Änderungen gibt es derzeit auf der Angebotsseite des globalen Ölmarkts. Moderne Techniken, allen voran das Fracking, erlauben die Ausbeutung von Ölvorkommen, die bisher nicht möglich oder zu teuer war. Dabei spielt der Ölpreis eine wichtige Rolle. Bleibt er hoch, lohnt es sich sogar für Länder, die bisher Öl und Gas importieren, potentiell vorhandene Ressourcen zu erschließen und selbst zu produzieren. (1), (2), (3), (4)

USA preschen bei unkonventioneller Ölförderung voran

Das meiste Öl fördern noch Saudi-Arabien und Russland. Für Aufmerksamkeit sorgt die Ölförderung in den Vereinigten Staaten von Amerika und Kanada. Nach Gas wird mittlerweile immer mehr Öl aus unkonventionellen Vorkommen, etwa in Schiefergestein und Ölsanden, gefördert. Die Zahl der aktiven Bohrtürme ist von 290 im Jahr 2009 auf 1 490 im Jahr 2012 in die Höhe geschnellt, und die Produktionskapazitäten werden in den nächsten Jahren weiter zulegen. So werden die USA dank des Ölschieferbooms in ihrer Energieversorgung immer unabhängiger. Der aktuelle BP Energy Outlook vom Februar 2013 geht davon aus, dass die USA bis 2030 eine Selbstversorgungsrate von 99 Prozent erreicht haben werden (zum Vergleich: 2005 waren es 70 Prozent). Bereits heute haben sich die USA beim Öl vom Nettoimporteur zum zweitgrößten Nettoexporteur hinter Russland gewandelt. [Abb. 1] (2), (5), (6)

Anteil der OPEC am Ölmarkt wird sinken

Rund 30 Millionen Fass Öl fördert die gesamte OPEC täglich. Kuwait, Qatar, Saudi-Arabien und die Vereinigten Arabischen Emirate haben im vergangenen Jahr 16 Millionen Fass Öl pro Tag aus dem Boden gepumpt. Rund 80 Prozent wurden exportiert. Dies deckte 18 Prozent des Weltbedarfs. Hochburg der Förderung ist Saudi-Arabien mit derzeit rund neun Millionen Fass täglich. Interessant ist folgender Aspekt: Der Eigenbedarf an Energie in diesen Ländern wächst, beispielsweise in Saudi-Arabien im Schnitt um sieben Prozent pro Jahr. Kurzfristig ist das kein Problem, doch auf lange Sicht würde Saudi-Arabien immer mehr seines Öls selbst verbrauchen und immer weniger exportieren. Das würde den Ölpreis dann doch nicht unberührt lassen. Insofern wurden die OPEC-Staaten angemahnt, trotz oder gerade wegen des noch so reichlich vorhandenen, billigen (weil zu Hause subventionierten) Öls rechtzeitig nach Alternativen zu suchen. Branchenexperten erwarten, dass Saudi-Arabien seine Förderung reduzieren und erst nach dem Jahr 2020 wieder steigern wird. Langfristig wird der Anteil der OPEC am Weltölmarkt sinken. (7)

In Venezuela kaum Änderungen erwartet

Zu den ölreichsten Ländern der Welt zählen Venezuela, Saudi-Arabien, Iran, Irak, Kuwait, die Vereinigten Arabischen Emirate, Russland, Libyen, Kasachstan und Nigeria. Venezuelas Präsident Hugo Chávez ist tot, und nun klopfen die Investoren aus China, Russland und USA an die Tür, um der Ölbranche des karibischen Landes auf die Beine zu helfen. Ob sie eingelassen werden, bleibt abzuwarten. Gut wäre es schon, denn Venezuela ist wirtschaftlich herabgewirtschaftet (hohe Inflation, geringes Wachstum, also Stagflation). Und das trotz reichhaltiger Ölreserven und hohem Ölpreis. Die Reserven Venezuelas werden von BP höher beziffert als die von Saudi Arabien. Bei der Förderung taucht Venezuela eher unter ferner liefen auf. In den 1950er und 60er Jahren rangierte das lateinamerikanische Land stets auf Rang zwei oder drei in der Liste der führenden Förderländer (BP Workbook of historical data), heute belegt Venezuela Rang zehn. Im Laufe der Jahre wurde immer weniger Öl gefördert, die

Ölfelder überalterten, Raffinerien gingen kaputt, Investitionen der staatlichen Ölfirma wurden fehlgeleitet, ausländisches Kapital blieb draußen, Benzin musste importiert werden. Da Chavez Partei wohl an der Macht bleiben wird, sind tiefgreifende kurzfristige Veränderungen allerdings nicht in Sicht. (8), (9)

Öl vom afrikanischen Kontinent

Die Suche nach neuen Ölreserven läuft weiter. Auch afrikanische Länder außerhalb der OPEC haben in ihrem Boden Öl. Beispielsweise hat Somalia mehr Ölreserven als Kuwait, Ghana ist ölreich, recht stabil und wächst. Nach Angola, großer Ölförderer und trotzdem arm, strömen arbeitslose Portugiesen. Der Südsudan kann seine Ölförderung wieder aufnehmen, die er im Januar 2012 eingestellt hatte, weil er sich mit dem Nordsudan nicht über die Gebühren der Durchleitung einigen konnte. In etlichen Ländern wird das Öl gefördert, allerdings eher in Nord- und Westafrika. Bis Investoren bereit sind, sich in ostafrikanischen Ländern wie Äthiopien, Kenia, Mosambik, Tansania und Uganda zu engagieren, müssen deren Regierungen noch viel Stabilisierungs- und Vertrauensarbeit leisten. Es ist kein Geheimnis, dass sich insbesondere chinesische Energiekonzerne auf dem afrikanischen Kontinent engagieren, um mit dessen Gas und Öl die eigene rohstoffhungrige Wirtschaft zu füttern. (10), (11), (12)

Die Branchenführer

Unter den börsennotierten Ölkonzernen sind ExxonMobil, Royal Dutch Shell, Chevron, BP und Total an der Spitze. Der größte Spieler Russlands im globalen Ölgeschäft ist Rosneft. Doch auch die chinesischen Konzerne Petrochina und CNOOC sowie die Staatskonzerne des Iran, Saudi-Arabiens, Quatars, des Iraks und Venezuelas sind bedeutend. Zur Branche gehören auch die Ausrüstungsunternehmen und Servicedienstleister. Die führenden Anbieter sind Schlumberger, Halliburton, Baker Hughes und Weatherford International. Die fünf wichtigsten Lieferländer Deutschlands für Rohöl sind Russland, Großbritannien, Norwegen, Nigeria und Libyen. (18)

Trends

Schieferölboom beflügelt Weltwirtschaft

Volkswirte und Energieexperten gehen davon aus, dass die Ausbeutung der Schieferölvorkommen in USA, China und anderen Ländern langfristig Auswirkungen auf den Ölpreis und das Weltwirtschaftswachstum haben wird. Das Öl könnte billiger werden und infolgedessen die Wirtschaftsleistung stärker ansteigen. Von positiven Auswirkungen könnte sogar das ölarme Deutschland profitieren: Die Studie veranschlagt für die deutsche Volkswirtschaft bis 2035 dank der weltweiten Schieferöl-Vorkommen ein zusätzliches Wachstum von 2,5 bis 4,7 Prozent. (16), (17)

EU verschärft Haftung und Regeln für Offshore-Ölbohrinseln

Dass mittlerweile in immer größeren Meerestiefen nach Öl gebohrt wird, wissen wir spätestens seit dem Untergang der Ölplattform Deepwater Horizon im Golf von Mexiko 2010. Auch in europäischen Gewässern stehen rund tausend Offshore-Bohrinseln. Die Hälfte gehört zu Großbritannien, gefolgt von Norwegen; in deutschen Gewässern finden sich zwei Bohrplattformen im Meer. Eine große Katastrophe blieb bisher aus, allerdings gibt es eine ganze Reihe von Beinahe-Unfällen mit Folgeschäden. Die EU-Kommission beziffert die jährlichen von Öl- oder Gasbohrinseln verursachten Schäden in den europäischen Gewässern auf 920 Millionen Euro. Die Politiker in Brüssel und die Versicherungsbranche ziehen Konsequenzen daraus und haben die Haftungsregeln verschärft, die Versicherungsprämien erhöht, neue Maßstäbe für die Vergabe von Bohrlizenzen und das Betreiben von Plattformen gesetzt und die Sicherheits- und Notfallauflagen bis hin zur Entsorgung von ausgedienten Bohrförderanlagen neu geregelt. Zwischenfälle führten auch dazu, dass Shell seine Bohrvorhaben in Alaska zumindest für dieses Jahr auf Eis gelegt hat. (13), (14), (15)

Fallbeispiele

Wintershall baut Exploration und Förderung aus

Deutschlands größter Öl- und Erdgasproduzent ist die BASF-Tochter Wintershall. Das Unternehmen trennt sich von Teilen seines Erdgasgeschäfts und will die Exploration und Produktion von Öl und Gas ausbauen. Wintershall erzielte 2012 einen Umsatz von 16,7 Milliarden Euro (plus 39 Prozent), davon 5,3 Milliarden Euro mit Exploration und Produktion und 11,4 Milliarden Euro im Gashandelsgeschäft. Das

Energieunternehmen hat 2012 so viel gefördert wie noch nie, unter anderem in Libyen. Kooperationen mit der russischen Gazprom, der norwegischen Statoil, der saudi-arabischen Adnoc, der österreichischen OMV und Beteiligungen in Argentinien sollen das Standbein Exploration und Produktion weiter ausbauen. (19), (20)

Billiges Benzin in Saudi-Arabien

In Saudi-Arabien kostet die Gallone Superbenzin nur umgerechnet 0,61 Dollar, in den USA sind es 3,66 Dollar/Gallone. Öl und Gas werden vom Staat massiv subventioniert. Wer wollte da Energie sparen oder in Erneuerbare investieren? (7)

(Fast-)Unfälle mit Bohrinseln in europäischen Gewässern

Der Betreiber der gesunkenen Ölplattform Deepwater Horizon war die britische BP. 780 Millionen Liter Rohöl waren 2010 ins Meer geflossen. Die Umweltschäden zogen Forderungen in Höhe von rund 4,5 Milliarden US-Dollar nach sich. BP hat sich schuldig bekannt und haftet. Auch in europäischen Gewässern kommt es immer wieder zu Unfällen. Gut in Erinnerung ist das Gasleck der britischen Bohrinsel

Elgin, das die französische Total bekämpfen musste, mittlerweile fördert Elgin wieder. Im Jahre 2010 wäre die Plattform Gullfaks C der norwegischen Statoil beinahe explodiert, die Plattform Gannet Alpha hatte ein Leck, das die niederländische Shell nur mühsam abdichten konnte. Eine Serie von Zwischenfällen motivierte Shell dazu, seine Bohrpläne vor der Nordküste Alaskas erst mal auf Eis zu legen. (13), (15)

Zahlen & Fakten

Abbildung 1: Top zwölf Ölförderländer - USA auf der Überholspur

Rang	Land	Produktion 2011 in Millionen Barrel pro Tag	Produktionskapazität 2020 *
1	Saudi-Arabien	11,2	13,2
2	Russland	10,3	10,6
3	USA	7,8	11,6
4	Iran	4,3	3,4
5	China	4,1	4,5
6	Kanada	3,5	5,5

7	Vereinigte Arabische Emirate	3,3	3,4
8	Kuwait	2,9	3,4
9	Irak	2,8	7,6
10	Venezuela	2,7	3,2
11	Nigeria	2,5	2,8
12	Brasilien	2,2	4,5
	Gesamte Welt	83,6	110,6

* Erdölförderung und Förderkapazität.

Quelle: BP Energy Report, Leonardo Maugeri (Prognose)

Entnommen aus: Wirtschaftswoche, 44/2012, S. 32 (21)

Weiterführende Literatur

(1) Der Ölpreis gibt wieder Gas
aus "Gewinn" Nr. 03/2013 vom 06.03.2013 Seite: 51

(2) BP Energy Outlook 2030: Steigende Bedeutung unkonventioneller Öl- und Gasvorkommen auf Weltenergiemärkte

aus "Gewinn" Nr. 03/2013 vom 06.03.2013 Seite: 51

(3) ROHSTOFFE
aus "Börsen-Kurier" Nr. 10/2013 vom 07.03.2013 Seite 2

(4) BP: Globaler Energiemarkt vor massiven Veränderungen
aus energate vom 22.02.2013

(5) Öl- und Gasboom in Amerika - Wird der Traum von unabhängiger, preiswerter Energie wahr?
aus GENIOS BranchenWissen Nr. 01 vom 25.01.2013

(6) International: Ölreserven und Ölförderung 2009-2012
aus Wirtschaftswoche, 47/2012, S. 8

(7) Heimische Ölsubvention blockiert Wege zur Ökostromerzeugung
aus VDI NR. 08 VOM 22.02.2013 SEITE 3

(8) Markt-Auswirkungen
aus "Börsen-Kurier" Nr. 11/2013 vom 14.03.2013 Seite 26

(9) Venezuela am Scheideweg
aus Finanz und Wirtschaft vom 09.03.2013, Seite 21

(10) Berichte & Broschüren Öl und Gas in Ostafrika – eine neue Herausforderung
aus Erdöl Erdgas Kohle, Heft 02/2013, S. 97

(11) Warum Afrikas Boom die Luft ausgeht
aus Die Presse vom 2013-03-16, Seite: 17

(12) Sudan und Südsudan legen Ölstreit bei
aus manager-magazin.de vom 12.03.2013

(13) Härtere Regeln für Bohrinselbetreiber
aus Versicherungswirtschaft, 15.03.2013, 68.Jg., Nr. 06, S. 45

(14) Ölförderung: EU verschärft Haftung
aus VDI NR. 09 VOM 01.03.2013 SEITE 8

(15) Shell legt Bohrungen
aus Finanz und Wirtschaft vom 02.03.2013, Seite 10

(16) Turbo für die Weltwirtschaft - Schieferöl bringt Wachstumsschub für Industriestaaten
aus WIRTSCHAFTS-INFORMATIONS-DIENST ENERGIE vom 18.Februar 2013

(17) Neuer Ölreichtum der USA verändert internationale Machtverhältnisse
aus www.tagesspiegel.de vom 18.01.2013 20130118

(18) Rohölimporte im Januar gestiegen
aus energate vom 06.03.2013

(19) Wachstum an der Quelle
aus www.powernews.org Meldung vom 14.03.2013 - 11:13

(20) Wintershall setzt auf Exploration
aus energate vom 12.03.2013

(21) International: Top 12 Ölförderländer 2011, 2020
aus Wirtschaftswoche, 44/2012, S. 32

Impressum

Erdöl - Globale Kräfteverhältnisse ändern sich

Bibliografische Information der deutschen Nationalbibliothek

Die Deutsche Nationalbibliothek verzeichnet diese Publikation in der deutschen Nationalbibliografie; detaillierte bibliografische Daten sind im Internet über http://dnb.d-nb.de abrufbar.

ISBN: 978-3-7379-2391-0

© 2015 GBI-Genios Deutsche Wirtschaftsdatenbank GmbH, Freischützstraße 96, 81927 München, www.genios.de

Alle Rechte vorbehalten. Dieses Werk ist einschließlich aller seiner Teile – z.B. Texte, Tabellen und Grafiken - urheberrechtlich geschützt. Jede Verwertung außerhalb der Grenzen des Urheberrechtsgesetzes bedarf der vorherigen Zustimmung des Verlags. Dies gilt insbesondere auch für auszugsweise Nachdrucke, fotomechanische Vervielfältigungen (Fotokopie/Mikroskopie), Übersetzungen, Auswertungen durch Datenbanken oder ähnliche Einrichtungen und die Einspeicherung und Verarbeitung in elektronischen Systemen.